Dieses Buch gehört

_____

Qualität von Oetinger

Büchersterne

Liebe Eltern,

Lesenlernen ist eine Meisterleistung. Es gelingt nur Schritt für Schritt. Unsere Erstlesebücher in drei Lesestufen unterstützen Ihr Kind dabei optimal. In den Büchern für die 1./2. Klasse erleichtern kurze Sinnabschnitte das Lesen, und viele Bilder unterstützen das Leseverstehen.
Mit beliebten Kinderbuchfiguren von bekannten Autorinnen und Autoren macht das Lesenlernen Spaß. 16 Seiten Leserätsel im Buch laden zu einer spielerischen Auseinandersetzung mit dem Text ein.
So werden aus Leseanfängern Leseprofis!

Prof. Dr. Manfred Wespel

PS: Weitere Übungen, Rätsel und Spiele gibt es auf www.LunaLeseprofi.de. Den Schlüssel zu Lunas Welt finden Sie auf Seite 55.

Büchersterne – damit das Lesenlernen Spaß macht!

www.buechersterne.de

Mit Büchersterne-Rätselwelt

Erhard Dietl

Die Olchis auf dem Schulfest

Verlag Friedrich Oetinger · Hamburg

Inhalt

1. Die Olchis heben ab 5

2. Gut gelandet 14

3. Die Olchis machen mit 20

4. Olchiges Taufliegen 25

5. Harte Zähne, neuer Treibstoff 29

6. Kann das Leben schöner sein? 38

Rätselwelt 40

1. Die Olchis heben ab

Auf der olchigen Müllkippe weht
ein fein fauliges Lüftchen.
Olchi-Oma und Olchi-Opa
baden das Olchi-Baby
in einer Schlamm-Pfütze.

Olchi-Mama hat heute
Stinker-Kuchen gebacken.
Der Kuchen müffelt so olchig,
dass ein paar hungrige Wespen
abstürzen
und tot zu Boden fallen.

Olchi-Papa hat etwas gebastelt.
Es sieht aus wie ein Fessel-Ballon
aus Mülltüten.
Unten hängt ein großer Korb dran
und in dem Korb steht ein
olchiger Motor.

„Grätig!", rufen die Olchi-Kinder.
Das wollen sie sofort ausprobieren!
Sie klettern zu Olchi-Papa
in den Korb.
Ein paar Kröten
und ihre zwei Lieblingsratten
dürfen auch mit.

Olchi-Papa nimmt
Olchi-Mamas Stinker-Kuchen
und steckt ein Stück davon
in den Müffelator.

„Damit wird es funktionieren!",
sagt er.
Er dreht an der Kurbel,
und wirklich:
Der Ballon hebt ab!

Es kommt nicht oft vor,
dass die Erfindungen von Olchi-Papa
so gut funktionieren.

Ganz langsam steigt der Ballon
in die Luft.
Ein Windstoß treibt ihn
über den Müllberg.
Beinahe streift er die Wipfel
der Tannen.

„Aufpassen!", ruft Olchi-Papa.
Um ein Haar bleiben sie
an einer Strom-Leitung hängen.

Die Olchi-Kinder finden
das alles sehr lustig.
„Stinkerich und Läusebein!
Das Fliegen kann nicht schöner sein!",
ruft das eine Olchi-Kind.

Langsam schweben sie
nach Schmuddelfing.
Unter sich sehen sie
die Dächer der Stadt.
Die Leute recken erstaunt
die Köpfe nach ihnen.

Plötzlich sackt der Ballon gefährlich ab.
Genau über einem Schornstein!
Sie starren in den dunklen Schlund des Kamins
und Olchi-Papa ruft erschrocken:
„Krötenfurz! Wir brauchen mehr Treibstoff!"

Er steckt schnell den Rest vom
Stinker-Kuchen
in den Müffelator
und der Ballon steigt wieder.
Sie streifen die hohe Kirchturmspitze
und segeln über den Marktplatz.

Aber genau über der Grundschule
von Schmuddelfing
ist der Treibstoff endgültig
verbraucht.
Der Müffelator stottert
und der Ballon sinkt zu Boden.
„Grätziger Stinkstiefel!",
schimpft Olchi-Papa.
Sie landen mitten auf dem Schulhof.

2. Gut gelandet

Viele Kinder und Lehrer
sind hier versammelt.
Sie feiern heute ein Schulfest
und der Schulchor singt gerade
ein Lied.
Der Ballon mit den Olchis landet
neben der Bühne und begräbt
Frau Springel, die Turnlehrerin,
unter sich.

Alle schreien aufgeregt durcheinander.
Frau Springel krabbelt
unter dem Ballon hervor
und der Rektor, Herr Haubensack,
verschüttet vor Schreck
seine Apfelschorle.

„Muffel-Furz-Teufel!", sagt Olchi-Papa
zur Begrüßung.
Die Olchis klettern aus ihrem Korb
und sehen sich neugierig um.

Auf dem Schulhof
ist eine Wurfbude aufgebaut.
Neben einem bunten Glücksrad
steht eine Schokokuss-Wurfmaschine.

An langen Tischen gibt es
Kuchen, Würstchen
und frisch gebackene Waffeln.
Die Olchis rümpfen die Nasen.
Der Geruch der Waffeln
und gebratenen Würstchen
ist wirklich entsetzlich.

„Das sind Olchis!", rufen
die Kinder aus der zweiten Klasse.
Sie haben schon viele
Olchi-Bücher gelesen
und kennen die Olchis gut.

Herr Haubensack dagegen findet nur
den olchigen Müffelator interessant.

„Hab ich selbst gebastelt!",
sagt Olchi-Papa
und erklärt ihm, wie er funktioniert.

„Erstaunlich", meint der Rektor.
„Der Antrieb läuft mit Bio-Gas …
Das ist wirklich sehr vorbildlich!"

Nun klettern auch die olchigen
Kröten und Ratten aus dem Korb.
Die Kröten hocken auf dem Boden
und quaken fröhlich vor sich hin.
Olchi-Papa setzt sich
eine Ratte auf die Schulter.
Frau Springel kreischt
wie eine Sirene
und rettet sich auf einen Stuhl.

3. Die Olchis machen mit

Jetzt hat Olchi-Papa
das Nagel-Spiel entdeckt.
Hier müssen die Kinder
mit einem Hammer
Nägel in ein Brett klopfen.
Wer das mit vier Schlägen schafft,
bekommt ein Stück Kuchen.

„Rattiger Stinkstiefel!
Dazu braucht man doch
keinen Hammer!",
sagt Olchi-Papa und lacht.
Er fackelt nicht lange und drückt
den längsten Nagel
mit dem rechten Daumen ins Holz.
Alle sind sehr beeindruckt.

Olchi-Papa hat
ein Stück Erdbeerkuchen gewonnen.
Er schenkt es Herrn Haubensack
und zerkaut den leckeren Pappteller.

Inzwischen hat Frau Springel
die Schulkinder
zum Kirschkern-Weitspucken
versammelt.

Philipp ist als Erster dran.
Er spuckt seinen Kern vier Meter weit.
Das ist nicht schlecht.
„Aufgepasst! Jetzt komm ich!",
ruft Laura.
Sie nimmt Anlauf
und schafft sieben Meter.

„Das ist ein Rekord!", freut sie sich.
Die Olchi-Kinder wollen
da natürlich auch mitmachen.

Das eine Olchi-Kind nimmt Anlauf
und spuckt kräftig drauflos.
Der harte Kirschkern
schießt wie eine Gewehrkugel
über den Schulhof und knallt
gegen eine Fensterscheibe
am Schulhaus.

Dort ist jetzt ein Sprung in der Scheibe
und Frau Springel schimpft
wie ein Rohrspatz.

Aber das Olchi-Kind hat trotzdem
den ersten Preis gewonnen:
einen Kaktus in einem
selbst bemalten Blumentopf.

„Grätiger Läuserich!",
freut sich das Olchi-Kind.
„So ein stacheliger Kaktus
schmeckt gar nicht übel."

4. Olchiges Taufliegen

„Wer hat Lust auf Tauziehen?",
ruft die Turnlehrerin.
„Klasse 2a tritt gegen Klasse 2b an!"
Doch Olchi-Papa
hat eine bessere Idee.

„Wer hat Lust auf Tau*fliegen*?",
ruft er laut. Er schnappt sich
das Ende des langen Taus
und springt damit auf einen Tisch.
„Na, wer traut sich?"

Emil ist der Mutigste.
Er bindet sich
das andere Ende des Seils
wie einen Gürtel um den Bauch.
Dann kann es losgehen.

Olchi-Papa spannt das Seil.
Er dreht sich im Kreis
und wird immer schneller.
Am anderen Ende hebt Emil ab.
Wie bei einem Kettenkarussell
fliegt er durch die Luft.

Die Kinder finden das toll.
Sie stehen
in einer langen Warte-Schlange
vor Olchi-Papa.
Jetzt soll auch der Rektor
es versuchen.
„Herr Haubensack! Herr Haubensack!",
feuern ihn die Kinder an.

Der Rektor bindet sich tapfer
das Seil um den Bauch.

Dann lässt auch er sich
von Olchi-Papa im Kreis herumwirbeln.
„Aufhören! Es ist genug!", keucht er
nach der fünften Umdrehung.

Als er wieder auf dem Boden steht,
schwankt er ein bisschen.
Und im Gesicht
ist er fast so grün wie ein Olchi.
„Hab wohl ein Kuchenstück
zu viel gegessen", murmelt er.

5. Harte Zähne, neuer Treibstoff

Die Olchi-Kinder probieren inzwischen
die Schokokuss-Wurfmaschine aus.
Sie schleudern sich damit
leckere Erdklumpen
aus dem Schul-Beet in die Münder.

So eine olchige Schlamm-Schleuder
muss Olchi-Papa ihnen zu Hause
unbedingt auch basteln!

Dann laufen sie hinüber
zum Baumstamm-Sägen.
Eine lange Säge
und dicke Handschuhe
liegen schon bereit.
„Wer sägt den Stamm
am schnellsten durch?",
fragt Frau Springel ihre Schüler.

„Dazu braucht man doch keine Säge!",
kichern die Olchi-Kinder.
Sie stellen sich an den dicken Stamm
und schlagen ihre scharfen Zähne
hinein, wie zwei Biber.

Nach drei Minuten plumpst der
schwere Baumstamm
in zwei Teilen auf den Boden.
Frau Springel bleibt vor Staunen
der Mund offen stehen.
„War doch ein Mückenfurz",
meint das eine Olchi-Kind.

Olchi-Papa ruft
von der anderen Seite des Schulhofs:
„Und nun ist es genug! Wir müssen
zurück zur Olchi-Höhle.
Olchi-Mama wartet
mit dem Essen auf uns!"

Zum Fliegen braucht der Müffelator
aber unbedingt neuen Treibstoff.
„Habt ihr hier irgendetwas
Müffeliges?", fragt Olchi-Papa
Herrn Haubensack.
„Äh, keine Ahnung …", sagt der Rektor.

Frau Springel bringt
einen vergessenen Turnbeutel.
Darin sind alte Turnschuhe
und Stinkersocken.

„Das reicht nicht", meint Olchi-Papa.
„Wir brauchen noch mehr!"

Da kommt Hausmeister Krause
über den Schulhof
auf sie zugelaufen.
Er hat wohl den Sprung
in der Fensterscheibe entdeckt.
Mit ihren empfindlichen Knubbelnasen
riechen die Olchis sofort:
Die alten Socken von Herrn Krause
duften sehr olchig!

„Sie müssen uns dringend helfen!",
sagt Olchi-Papa zu ihm.
„Wollen Sie uns Ihre Socken geben?"
„Wenn es unbedingt sein muss ...",
murmelt der Hausmeister
und zieht brav seine Strümpfe aus.

Olchi-Papa stopft die Stinkersocken
in den Müffelator
und die Olchi-Kinder
drehen an der Kurbel.
Sofort springt der Motor an.

Der Ballon bläst sich auf –
aber er hebt nicht ab.

„Es reicht immer noch nicht!",
seufzt Olchi-Papa.
Herr Haubensack zieht die Stirn kraus
und ruft: „Alle Kinder mit Käsefüßen
bitte Strümpfe ausziehen!"
Die Kinder lassen sich das
nicht zweimal sagen.
Alle wollen sie den Olchis helfen.

Bald haben die Olchis
einen großen Berg
Stinkersocken-Treibstoff
in ihrem Korb.
Sogar Herr Haubensack hat
seine Strümpfe hergegeben.
Aus dem Müffelator strömt
ein schrecklich olchiges Lüftchen.

Jetzt kann es endlich losgehen.
Der Ballon hebt ab.
„Besucht uns mal auf dem Müllberg!",
rufen die Olchis den Schulkindern zu.

Und die Lehrer und Schüler winken,
bis die Olchis hinter dem Kirchturm
verschwunden sind.

6. Kann das Leben schöner sein?

Der Ballon hängt über den Häusern
der Stadt.
Plötzlich ist es völlig windstill.
„Los, Gas geben und pusten!",
kommandiert Olchi-Papa.
Sie pusten mit aller Kraft
und Olchi-Papa legt
noch ein paar Stinkersocken nach.

Das eine Olchi-Kind
fängt dabei noch
kräftig an zu pupsen und reimt:
„Auch beim Pupsen gibt es Wind,
weil wir starke Olchis sind!"
So bringen sie den Ballon
zurück zur olchigen Müllkippe.

Zu Hause werden sie schon erwartet.
Olchi-Mama hat
neuen Stinker-Kuchen gebacken.
Aber diesmal nicht für den Müffelator,
sondern für die hungrigen
Olchi-Mägen.

Die ganze Olchi-Familie setzt sich
an den wackeligen Tisch.
Die Olchi-Kinder erzählen
vom Ballonflug und
vom lustigen Schulfest.
Olchi-Papa mampft mit vollem Mund:
„Kamm das Lebem schömer seim?
Am schömsten ist es doch daheim!"

Willkommen in der Büchersterne Rätselwelt

Komm auch in meine Lesewelt im Internet.

www.LunaLeseprofi.de

Dort gibt es noch mehr spannende Spiele und Rätsel!

Büchersterne-Rätselwelt

Hallo,
ich bin Luna Leseprofi und ein echter Rätselfan! Zusammen mit den kleinen Büchersternen habe ich mir tolle Rätsel und spannende Spiele für dich ausgedacht.

Viel Spaß dabei wünscht

Lösungen auf Seite 56–57

Kannst du die Bilder den richtigen Sätzen zuordnen?

 Olchi-Mama hat heute Stinker-Kuchen gebacken.

 Der Ballon hebt ab!

 Frau Springel rettet sich auf einen Stuhl.

 Der Hausmeister zieht brav seine Strümpfe aus.

Büchersterne-Rätselwelt

Büchersterne

Lustiges Quiz

Welches Wort ist richtig? Kreuze es an.

Der Müffelator fliegt mit ...
- ☐ Locken.
- ☐ Artischocken.
- ☐ Stinkersocken.

Im Korb sind auch ...
- ☐ Ratten und Flöten.
- ☐ Schatten und Tröten.
- ☐ Ratten und Kröten.

Olchi-Papa möchte mit den Kindern ...
- ☐ Tauziehen.
- ☐ Taufliegen.
- ☐ Tauwiegen.

_ _ _ _ _ _ —
_ _ _ _

Rektor

_ _ _ _ _ _ _

 Hausmeister

_ _ _ _ _ _ _

Kennst du meinen Namen? Schreibe ihn auf!

Wer bin ich?

Fehlerbild

Im unteren Bild sind 5 Fehler. Kannst du sie alle finden?

Büchersterne

In welche Reihenfolge gehören die Bilder?

Puzzle

Folge dem geheimen Code und suche im Labyrinth nach der Lösung!

Dein Geheimcode:

 2 rechts

 3 hoch, 1 links

 1 links, 3 runter, 2 rechts

 3 runter

Lösungswort: _____

Büchersterne

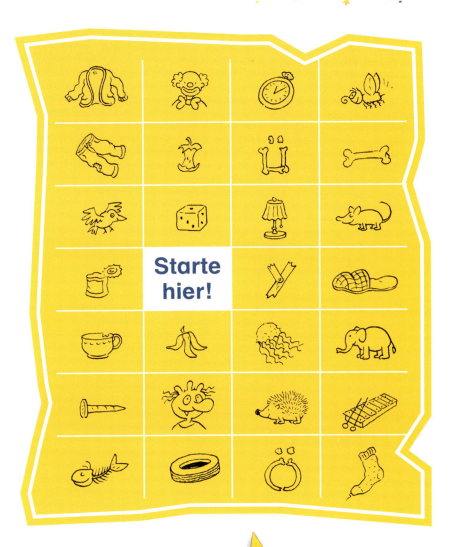

Mein Tipp:

Jedes Bild steht für einen Buchstaben.

Kuddelmuddel

Welche Wörter passen nicht dazu? Schreibe sie auf!

Ratten – Hamster – Kröten – Fliegen

_____

Schokokuss – Waffeln – Stinker-Kuchen – Erdbeerkuchen

_____

Schul-Beet – Müllkippe – Ballon – Schulhof

_____

Wie viele hungrige Wespen stürzen sich auf Olchi-Mamas Stinker-Kuchen?

Wie viele Kinder singen im Schulchor?

Wie viele Luftballons findest du im Buch?

Findest du die gesuchten Zahlen?

Würfelt abwechselnd! Landest du auf einer STINKERSOCKE? Dann lege unten in deinem Feld einen Stein ab.

Finde das Lösungswort und komm in Lunas Lesewelt im Internet!

Wenn man an der ☐☐☐■☐☐ dreht, fliegt der Ballon los.

Die Olchis landen auf dem
☐☐☐☐■☐■☐

Olchi-Papa gewinnt beim
☐■☐☐☐ -Spiel.

Lunas Rätselwelt

☐☐☐▦ fliegt durch die Luft.

Für den Rückflug brauchen die Olchis
Stinker- ☐☐☐☐☐▦

LÖSUNGSWORT:

▦ ▦ ▦ ▦ ▦ ▦

Mit dem LÖSUNGSWORT gelangst du in meine Lesewelt im Internet:
www.LunaLeseprofi.de
Dort warten noch mehr spannende Spiele und Rätsel auf dich!

Rätsel-Lösungen

Alle Rätsel gelöst? Hier findest du die richtigen Antworten.

Seite 47 · Puzzle
4, 1, 3, 2

Seite 48-49 · Geheimes Labyrinth
Pups

Seite 50 · Kuddelmuddel
Hamster
Stinker-Kuchen
Ballon

Seite 51 · Zahlen-Rätsel
9 Wespen
17 Kinder
30 Luftballons

Seite 54-55 · Luna Leseprofi
Gib dein Lösungswort im Internet unter www.LunaLeseprofi.de ein. Wenn sich eine Lesemission öffnet, hast du das Rätsel richtig gelöst.

Büchersterne-Rätselwelt

Büchersterne

Seite 42–43 · Bildsalat
Olchi-Mama hat heute Stinker-Kuchen gebacken. = Bild 3
Der Ballon hebt ab! = Bild 4
Frau Springel rettet sich auf einen Stuhl. = Bild 1
Der Hausmeister zieht brav seine Strümpfe aus. = Bild 2

Seite 44 · Lustiges Quiz
Stinkersocken, Ratten und Kröten, Taufliegen

Seite 45 · Wer bin ich?
Olchi-Papa, Rektor Haubensack, Hausmeister Krause

Seite 46 · Fehlerbild

1./2. Klasse

Fußball, Ferien und Abenteuer!

Kirsten Boie
Abenteuer im Möwenweg.
Wir reißen aus
ISBN 978-3-7891-2331-3

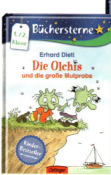

Anja Fröhlich
Julian fliegt ins Weltall
ISBN 978-3-7891-1259-1

Erhard Dietl
Die Olchis und die
große Mutprobe
ISBN 978-3-7891-2373-3

Rüdiger Bertram
Jacob, der Superkicker.
Falsches Spiel
ISBN 978-3-7891-2352-8

Oetinger

Mit Lesespielen im Internet. Lesepatenmodell für Lehrer und Eltern.
www.buechersterne.de, www.LunaLeseprofi.de und www.oetinger.de

Lesespaß für Leseanfänger

Muffel-Furz-gut!
Lesespaß mit den Olchis!

Erhard Dietl
Die Olchis und der Geist der blauen Berge
ISBN 978-3-7891-0758-0

Erhard Dietl
Die Olchis werden Fußballmeister
ISBN 978-3-7891-2332-0

Erhard Dietl
Die Olchis und der schwarze Pirat
ISBN 978-3-7891-2346-7

Erhard Dietl
Die Olchis sind da
ISBN 978-3-7891-2335-1

Mit Lesespielen im Internet. Lesepatenmodell für Lehrer und Eltern.
www.buechersterne.de, www.LunaLeseprofi.de und www.oetinger.de

Das didaktische Konzept zu Büchersterne wurde mit Prof. Dr. Manfred Wespel, Pädagogische Hochschule Schwäbisch Gmünd, entwickelt.

© Verlag Friedrich Oetinger GmbH, Hamburg 2010, 2014
Alle Rechte vorbehalten
Titelbild und farbige Illustrationen von Erhard Dietl
Einband- und Reihengestaltung von Manuela Gerdes,
unter Verwendung der Sternvignetten von Heike Vogel
Reproduktion: Die Litho, Hamburg
Druck und Bindung: Mohn Media GmbH, Gütersloh
Printed 2015
ISBN 978-3-7891-2389-4

www.olchis.de
www.oetinger.de
www.buechersterne.de